CW00495153

NOTICE EXPLICATIVE

SUR L'EMPLOI

DE L'APPAREIL PHOTOGRAPHIQUE

DE

M. A. GAUDIN,

CALCULATEUR AU BUREAU DES LONGITUDES.

Dépôt général

Chez O. DE LALANDE et Cⁱᵉ,

FABRICANTS DE PRODUITS CHIMIQUES POUR LA PHOTOGRAPHIE,

33, rue des Fossés-St-Germain-l'Auxerrois.

1854

Paris. — Imp. G.-A. Pinard, 9, cour des Miracles,

NOTICE EXPLICATIVE

SUR L'EMPLOI

DE L'APPAREIL PHOTOGRAPHIQUE GAUDIN.

———— ⁘ ————

La photographie est un art moderne dont la pratique procurera aux gens du monde un passetemps des plus agréables, surtout par l'emploi du collodion et son transport sur toile cirée, qui réunissent la promptitude d'exécution à la beauté et à la solidité des produits.

J'ai toujours visé à populariser cet art charmant au moyen d'appareils réduisant le bagage photographique à sa plus simple expression; le petit daguerréotype, que j'ai imaginé il y a dix ans, reparaît aujourd'hui avec tous les avantages que lui donnent les progrès de la photographie.

La réduction par la lumière des composés d'argent en cristaux blancs, contrastant avec la diminution et l'absence du dépôt métallique dans les ombres, produisent, vus sur un corps noir, des images d'une délicatesse inouïe qui rendent la perspective aérienne mieux peut-être que les épreuves sur doublé d'argent.

Ce petit appareil sera très précieux pour la production des portraits, des groupes de famille, les vues de monuments et de paysages, les reproductions de gravures et d'objets d'art.

Composition de l'appareil et de ses accessoires.

1 chambre obscure avec objectif achromatique de 3 pouces
6 lignes de foyer principal.

1 verre dépoli (1).

12 plaques de verre rodées.

1 flacon collodion pour transports sur toile cirée (2).

1 flacon bain d'argent ioduré.

1 flacon de liqueur réductrice au sulfate de fer.

1 flacon d'hyposulfite de soude concentré.

1 flacon vernis.

1 flacon éther.

12 carrés en toile cirée.

1 boîte tripoli de Venise.

6 petits manches en verre.

6 petits manches en gutta-percha.

1 bâton gomme laque.

1 polissoir.

1 notice explicative.

Manière d'opérer.

NETTOYAGE DU VERRE.

Pour opérer avec succès, la première condition à observer
est de nettoyer parfaitement les verres. Ces verres sont

---

(1) Le verre dépoli se placera toujours en appliquant le côté dépoli sur les supports.

(2) Ce collodion pourra être éclairci, au besoin, en y ajoutant de l'éther.

usés en biseau à l'un des angles; on aura soin de nettoyer toujours la plaque du côté de ce biseau qui se sentira au toucher.

La plaque étant posée sur un linge propre, ou une feuille de papier, on la frottera *vigoureusement* avec le tampon imprégné de tripoli et d'eau; on fera de même pour plusieurs plaques successives qu'on laissera sécher avec le tripoli adhérent. *Les verres neufs surtout exigent ce décapage soigné pour enlever les impuretés qui y adhèrent avec une force extraordinaire.*

Quand les plaques seront sèches, on les finira en enlevant le tripoli avec un linge blanc de lessive, en interposant constamment le linge entre les doigts et la plaque, frottant vivement en rond avec une portion du linge réuni en paquet par la main droite, et soufflant de temps en temps pour condenser l'haleine sur la plaque.

On reconnaîtra que la plaque est propre, quand l'haleine condensée (en regardant la plaque sur un fonds noir) formera une buée uniforme, qui se dissipera sans montrer aucune stries autres que les raies accidentelles du verre qui se détacheront toujours à ce moment.

Cette première opération est la plus difficile de toutes, et le succès des épreuves en dépendra immédiatement.

Pour les plaques ayant déjà servi et encore couvertes de collodion, le mieux sera de les laver à grande eau, puis de les sécher avec un linge consacré à cet usage pour les finir avec le linge le plus propre.

La marque est très utile, pour indiquer en tout temps le

bon côté, et éviter les impuretés inséparables de l'application du manche à la cire ou à la gutta-percha.

Avant de finir les plaques, il sera bon d'appliquer sur le revers, et le plus juste possible au centre de la plaque, un petit manche, en faisant fondre la cire à la chaleur de la flamme d'une bougie ou d'une veilleuse. La gutta-percha ne devra être que ramollie et appliquée en pressant ; si le manche était mis après le polissage, il faudrait laisser refroidir la plaque pendant quelques minutes.

Application du Collodion.

La plaque étant tenue horizontalement par son manche, on versera à sa surface, près de l'angle supérieur, du collodion en lui faisant faire une nappe qui gagnera l'angle supérieur de gauche, par une légère inclinaison de la plaque, en continuant de verser ; puis on inclinera de nouveau la plaque pour étendre la nappe vers l'angle inférieur de gauche et la diriger finalement vers l'angle inférieur de droite ; à ce moment on imprimera un mouvement d'inclinaison plus marqué, mais sans brusquerie, pour faire tomber l'excédant du collodion dans le flacon par l'angle inférieur de droite.

On remarquera qu'il se forme à ce moment des stries parallèles (1), on les fera disparaître en inclinant *tout doucement* à droite et à gauche la plaque, sans lui faire changer de plan, de cette manière on réussit bien mieux à égaliser

---

(1) Il faut les laisser se former tranquillement pendant deux ou trois secondes sans déplacer la plaque.

le collodion par des mouvements lents que par des mouvements rapides.

Bain d'argent.

Le bain d'argent sera versé autant que possible dans une assiette à soupe en porcelaine ou une soucoupe à *fond creux* ; cette forme est essentielle pour empêcher la surface du collodion de toucher le fond ailleurs que vers les bords, et la préserver des déchirures causées par les cristaux ou les sédiments qui se forment sans cesse dans ce bain.

La manière d'appliquer le collodion sur le bain d'argent est une opération délicate, qui exige un peu d'habitude ; il il faut agir hardiment, mais sans brusquerie, car toute bulle d'air qui séjourne ou glisse au contact du collodion, produit infailliblement des taches grises qui masquent l'épreuve.

On réussit bien en plongeant la plaque obliquement, le collodion en dessous, puis on le fait reposer sur le fond pendant dix secondes au moins, ou une minute au plus, en couvrant dans ce dernier cas l'assiette, avec une feuille de carton, pour masquer la lumière ambiante.

Le collodion peut être déposé à la clarté du jour, *mais l'immersion dans le bain d'argent doit être pratiquée dans un endroit très obscur, éclairé seulement par une bougie* ou mieux encore par une veilleuse.

Si la plaque était placée dans l'appareil, au sortir du bain d'argent, sans avoir été amenée huit ou dix fois au contact de l'air faisant suivre d'une nouvelle immersion, le liquide argentifère y formerait infailliblement des stries huileuses qui se traduiraient sur l'épreuve en autant de rameaux d'inégale sensibilité ; il importe donc de sortir la plaque du bain à plusieurs reprises et de l'y replonger aussitôt, mais sans se préoccuper alors des bulles d'air qui ne feront plus tache. Avant de placer la plaque dans l'appareil, il faudra s'assurer que le liquide forme une nappe parfaitement continue, et de plus, on la fera égoutter pendant une ou deux minutes. Cette dernière précaution a pour but d'éviter des marbrures qui se produisent au contact du bain réducteur, quand le liquide argentifère forme épaisseur.

La plaque etant bien égouttée, on la placera aussitôt dans l'appareil.

Exposition à la chambre obscure.

La chambre obscure est mise au point à l'avance, sans qu'il soit nécessaire de regarder l'image sur le verre dépoli. Les objectifs simples d'un foyer très court donnent toujours de la netteté, pourvu qu'on ne les écarte pas grossièrement de leur point, par erreur. *La monture porte trois lignes de graduation qui guideront pour la mise au point à l'avance.* La ligne la plus rapprochée de l'extrémité du tube marqué d'un V, est pour la vue, c'est-à-dire conviendra pour toutes les distances dépassant 4 ou 5 mètres ; la seconde ligne, ou ligne intermédiaire marquée II, servira pour les groupes à 2 mètres ; la troisième ligne, marquée I, qui est la plus éloignée de l'extrémité du tube, sera pour les portraits à la distance d'un mètre ; pour 1 mètre et demi, on fixera le tube entre les divisions I et II ; de 2 à 5 mètres, on le fixera entre les divisions II et V.

La face supérieure de l'appareil porte deux boutons de mire, qui serviront à le diriger sur la partie du tableau devant occuper le milieu de l'image, qui se trouvera ainsi sur une ligne comprise dans le plan de la face supérieure de la botte. Pour les grandes distances, on ne tiendra pas compte de la position de l'objectif qui se trouve 4 ou 5 centimètres au-dessous de ce plan.

Pour la distance de 1 mètre seulement, on devra en tenir compte, il suffira même de remarquer que le centre du tableau se trouvant de 4 ou 5 centimètres au-dessous du plan de la face supérieure de la botte, et dans la direction des mires, en visant ces mires au centre du buste et à la hauteur du menton, et les faisant coïncider à cette hauteur, le centre de l'épreuve se trouvera un peu au-dessous ; la tête sera assez près du centre pour avoir une netteté suffisante, et laissera, dans le haut de la plaque, un intervalle nécessaire pour lui donner de l'air ; d'ailleurs on pourra, dans tous les cas, voir sur le verre dépoli comment l'image se présente ; mais je recommande de placer la tête aussi près du centre que possible. En la plaçant au centre même elle serait à coup sûr plus nette ; mais le portrait se trouverait placé trop bas pour l'encadrement, à moins de réduire de beaucoup les dimensions de l'épreuve.

Dès que la plaque sera prête on la placera dans l'appareil en l'appliquant sur les quatre boutons en ivoire qui occupent les angles, en laissant le manche en place, puis on rabattra la porte en l'arrêtant au moyen du verrou.

Cette porte est percée d'un cavité destinée à laisser passer le manche. *En garnissant cette cavité de coton*, le manche se trouvera soutenu en laissant tomber le volet.

Durée de l'exposition à la chambre obscure.

Ici se présentera un problème difficile à résoudre ; il s'agira de faire durer l'exposition à la chambre obscure juste le temps nécessaire pour obtenir une belle épreuve ; avec un temps trop court, l'épreuve sera noire et faiblement indiquée ; avec un temps trop long, l'épreuve sera grise et confuse ; ce temps dépendra à la fois de la sensibilité de la plaque, de l'intensité de la lumière et de la grandeur du diaphragme. Vers le milieu du jour la lumière est très active, *son effet décroît, avec une rapidité extraordinaire, une heure avant le coucher du soleil.*

L'objectif peut servir avec trois ouvertures différentes : avec toute son ouverture, en enlevant les deux diaphragmes, on pourra prendre un portrait à l'ombre dans le milieu de la journée en moins d'une demi-seconde ; avec le diaphragme de 1 centimètre il faudra de deux à quatre secondes.

Le petit diaphragme de 2 millimètres d'ouverture ne sera employé que pour les vues. En plein soleil, vers midi, il faudra trente secondes au plus, et par un temps couvert, deux minutes environ.

Vers le coucher du soleil on devra hardiment faire durer l'exposition dix fois plus de temps que dans le milieu du jour sans cela on manquera toujours les épreuves faute d'une durée suffisante. *Avec le diaphragme de 1 centimètre, les groupes au soleil, de neuf heures à trois heures, n'exigeront pas plus d'une demi-seconde.*

L'écran en velours est destiné à masquer le ciel quand on prendra des vues ; pour une durée totale de trente secondes, il faudra laisser l'écran entièrement levé, *seulement pendant cinq secondes*, et l'abaisser ensuite au niveau de la ligne horizontale en masquant de plus en plus l'objectif par des mouvements successifs d'élévation et d'abaissement.

Avec le diaphragme de 1 centimètre, le ciel, avec ou sans nuages, serait pris en moins d'un dixième de seconde ; c'est pourquoi il faudra, dans ce cas, lever et baisser une première fois l'écran avec toute la rapidité possible et le soulever de nouveau jusqu'à la ligne d'horizon, tout cela devant être fait en moins d'une demi-seconde ; sans aucun diaphragme, il suffira d'une élévation et d'un abaissement, durant au plus un dixième de seconde, pour avoir une épreuve complète avec des personnes et des voitures en mouvement.

Passage au bain réducteur.

Quand l'impressionnement aura eu lieu, il s'agira de faire apparaître l'image avec le bain réducteur ; pour cela on aura versé dans une autre assiette *creuse* une partie du bain réducteur que contient le flacon, *et l'étendre de quatre ou cinq parties d'eau de rivière ou mieux encore d'eau distillée.* C'est dans ce bain étendu que l'on immergera l'épreuve, le collodion en dessous, absolument comme on l'a fait pour le bain d'argent ; dès qu'on verra l'épreuve se dessiner, on sortira et immergera à plusieurs reprises la plaque, comme on l'a fait pour le bain d'argent (1).

La plaque étant déjà imbibée du liquide argentifère, il sera facile de la mettre en contact avec le bain réducteur sans solution de continuité et sans formation de bulles d'air.

Dès que l'épreuve sera venue, on pourra la regarder au grand jour, la rincer à grande eau et la faire sortir sous l'action de l'hyposulfite de soude.

Passage à l'hyposulfite de soude.

Avant le passage à l'hyposulfite, l'épreuve est voilée par la teinte générale opaline de la plaque ; mais en la regardant par transparence sous un jour oblique, on la verra parfaitement : ceci est bon à savoir, pour éviter des frais de lavage quand l'épreuve n'en vaut pas la peine.

L'hyposulfite du flacon sera comme le bain réducteur étendu de quatre ou cinq parties d'eau et versé dans une assiette *plate*, on y plongera l'épreuve, après avoir détaché le manche (2), *le collodion en dessus.* En sortant du bain réducteur le lavage à l'eau devra être très complet, on versera de préférence l'eau sur le milieu de la plaque, c'est un moyen

(1) Il faudra renouveler de temps en temps le bain réducteur, *sans jamais le jeter*, faute de quoi les épreuves se voileraient; la filtration le rétablit très bien.

(2) Le manche se détache en lui faisant subir un mouvement de torsion, en le détachant latéralement on pourrait briser le verre; la gomme laque ne servira que pour les pays chauds.

d'éviter la déchirure du collodion ; un lavage insuffisant peut brunir les blancs par le sulfure d'argent, formé au contact de l'hyposulfite et de l'acide en excès du bain réducteur.

Dès que l'épreuve est complétement débarrassée de sa nuance laiteuse, on la lave de nouveau à grande eau pour entraîner l'hyposulfite, faute de quoi il se formerait des cristallisations qui détruiraient l'image.

Si l'épreuve doit être vernie, il faudra la laisser sécher une première fois d'elle-même, en la posant sur un angle appuyée contre une paroi dans une position légèrement oblique, le collodion du côté de la paroi, pour éviter autant que possible les poussières ; avant de verser le vernis on chauffera peu à peu l'épreuve à la lampe, pour la sécher entièrement ; cette nouvelle dessiccation durcira le collodion et augmentera l'intensité des blancs ; on versera le vernis comme le collodion, et dès qu'il sera égoutté on mettra la plaque à sécher ; ce genre de vernis s'étale difficilement, on pourra l'égaliser avec un pinceau très doux, en évitant de former des bulles d'air.

Transport sur toile cirée.

Aussitôt après avoir rincé les épreuves au sortir de l'hyposulfite, on les placera dans une assiette plate contenant de l'eau bien claire, où elles pourront demeurer indéfiniment ; l'action de l'eau diminuera leur adhérence au verre.

Pour vérifier le transport, il faudra tailler la toile cirée en carrés de moindres dimensions que la plaque, qui devra déborder tout autour de 5 ou 4 millimètres. Avant d'appliquer la toile cirée, on la frottera avec un petit tampon de coton ou un chiffon pour rendre sa surface bien nette ; cela fait, on posera la toile cirée à la surface du liquide, puis, par une légère pression des doigts, on l'appliquera sur l'épreuve, en commençant par le milieu ; on sortira ensuite l'épreuve de l'eau et après l'avoir retournée, pour voir si elle est exempte de bulles d'air, on détachera tout autour le collodion des bords et on le *doublera* sur la toile cirée ; si l'on voyait des bulles, il faudrait les chasser par une légère pression des doigts ; je dis *légère pression,* parce que cette opération tend à augmenter l'adhérence du collodion au verre.

A ce moment on essaiera de faire glisser l'épreuve sur le verre ; si la tentative réussit, on pincera la portion débordée près d'un angle, ce qui permettra de détacher complètement l'épreuve, en l'écartant peu à peu du verre.

Après avoir laissé l'épreuve s'égoutter quelques instants, on achèvera sa dessication à la chaleur d'une lampe à esprit de vin. Peu à peu l'épreuve blanchira et elle finira par devenir lisse et se coller de la façon la plus solide, au point de résister à l'ongle et de ne pouvoir être entamée par la pointe d'une épingle.

On réussira aussi très bien à coller l'épreuve *en la passant avec un fer chaud entre deux feuilles de papier blanc ordinaire dès qu'elle aura séché un peu à l'air.*

Ces épreuves pourront ensuite être encadrées sans verre, être collées dans un album, être envoyées par la poste sans crainte de les gâter par le frottement ; elles pourront, au besoin, être lavées absolument comme une peinture à l'huile

Le grand avantage des épreuves transportées sur toile cirée est de se trouver redressées et d'être à l'abri des émanations sulfureuses; le collodion faisant l'office d'un verre élastique, qui a la dureté de la corne, après sa dessication à la chaleur.

RÉSUMÉ.

La beauté des épreuves dépendra de l'observation scrupuleuse de toutes les conditions énumérées plus haut, dont la plus importante est le nettoyage des plaques. Pour réussir dans ce premier travail, il sera bon de préparer toutes les plaques à l'avance, en les frottant toutes au tripoli, puis enlevant le tripoli *sec* de toutes les plaques avec un chiffon propre, en évitant le contact des doigts, fixant les manches avant de les finir, enfin les plaçant *toutes* contre une paroi, appuyées sur des feuilles de papier blanc.

Dès qu'une plaque aura été immergée dans le bain d'argent et recouverte d'un carton, on fixera l'objectif à son point, suivant la distance à laquelle on voudra faire l'épreuve; on essuiera la surface inférieure de la chambre obscure, où le bain d'argent s'accumule, se décompose et vient réagir plus tard sur l'épreuve.

On aura grand soin d'égoutter la plaque avant de la placer dans l'appareil et de filtrer les bains au besoin, en se servant pour chacun *d'un flacon à large ouverture, surmonté d'un entonnoir garni de coton mouillé d'eau de rivière ou mieux d'eau distillée,* le coton sec se refusant à filtrer s'il n'est mouillé à l'avance.

Les pellicules qui se forment sur les bains, d'un jour à l'autre, doivent être enlevées en passant à plusieurs reprises, à la surface du bain, une bande de papier. Le bain d'argent surtout exige cette précaution.

Faire bien attention à la marque des plaques, pour se servir toujours du même côté.

Si une épreuve présente des stries grossières, qui la masquent, on réussira souvent à les faire disparaître *par un léger frottement sous l'eau avec un pinceau doux.*

Pendant le travail on devra souvent se laver les mains pour prévenir les mélanges de sels et les taches sur les plaques.

Pour ne pas se tacher les doigts avec le bain d'argent, on évitera d'y toucher ; et, dès qu'on aura posé sa plaque dans l'hyposulfite, on se rincera les mains dans de *l'eau salée* qui transformera immédiatement tout le sel d'argent en chlorure soluble dans l'hyposulfite ; de sorte qu'en plongeant les doigts dans le bain d'hyposulfite, le sel d'argent disparaîtra complétement, ou plus tard, en cessant de travailler, en se lavant les mains avec cet hyposulfite.

Il faut aussi beaucoup se défier de l'hyposulfite et pour cela se laver les mains, après chaque épreuve fixée, avant d'en faire une autre.

Pour se préparer à faire des portraits à l'ombre, il sera bon de s'exercer en prenant des vues au soleil avec la petite ouverture ; ces épreuves, qui sont généralement bien marquées et d'une grande finesse, encourageront les débutants ; en somme on devra s'attendre à quelques insuccès en commençant ; mais l'apparition d'une belle épreuve de temps à autre sera un puissant aiguillon pour persévérer ; on comprendra même que l'incertitude perpétuelle où l'on sera à l'avance sur la valeur des épreuves, fait de la photographie un art mystérieux, qui trompe souvent l'espérance, mais ne la détruit jamais.

Avec un peu de pratique, on arrivera enfin à produire à tout coup une épreuve plus ou moins belle de tout ce qu'on voudra copier, portraits, groupes de famille, paysages, monuments, gravures, objets d'art, etc., qui, fixés à tout jamais sur la toile cirée, formeront une collection d'images d'un fini et d'une délicatesse incomparables.

Pour les gravures et les objets d'art à copier de près, il faudra mettre au point, sur la glace dépolie, en faisant avancer ou reculer l'objectif pendant qu'on regardera le verre dépoli bien abrité de la lumière. Pour voir, on placera le diaphragme de 1 centimètre d'ouverture, et pour opérer on se servira du petit diaphragme ; on opérera autant que possible au soleil.

Pour se servir du petit diaphragme, on le place à l'extrémité en dehors du tube qui porte le diaphragme de 1 centimètre, il se loge dans une cavité ménagée exprès ; de sorte qu'en introduisant ce tube, le petit diaphragme se trouve placé entre le grand diaphragme et l'objectif, et réunit ainsi toutes les conditions pour donner une netteté surprenante.

Le manche en gutta-percha se colle en pressant et en *tordant* un peu, trop de chaleur détruit la force de cette substance.

Le collodion doit être immergé dans le bain d'argent aussitôt qu'il cesse de couler. Pour mieux le transporter il sera bon, après en avoir garni toute la plaque, de maintenir la plaque dans une position horizontale pendant quelques secondes; si l'on use de cette précaution il faudra incliner la plaque vers le flacon avec une certaine lenteur, sans cela le collodion déjà épaissi formerait des nervures par inégalité d'épaisseur.

Le collodion doit être mis au bain d'argent au moment convenable: trop frais, il se forme des plages d'inégale sensibilité; trop sec, il se couvre de traînées grises qui sont dues à la difficulté de son imbibition par le bain. En conséquence, dans les temps chauds, il faudra plonger la plaque dans le bain dès que le collodion sera figé.

On peut étendre le bain réducteur de 10 parties d'eau et même de 100 parties d'eau *de rivière ou de pluie,* avec cette dernière proportion, les épreuves ont un ton jaune verdâtre, mais elles sont'd'une finesse admirable; avec 10 parties d'eau on obtient une venue moyenne qui me paraît réunir tous les avantages.

Une bonne manière de transporter les épreuves est de plonger la plaque dans l'eau bouillante, la toile en dessus, quand on l'a séchée d'abord, en plaçant l'épreuve à plat sur le couvercle d'un vase en terre contenant une couche d'eau épaisse seulement d'un centimètre, la toile cirée posée directement sur le couvercle; on peut aussi dessécher les épreuves à la chaleur d'une bougie, du feu ou d'une lampe; mais il est difficile d'éviter les boursouflures par excès de chaleur.

En un mot, le transport est rendu très facile toutes les

fois que la toile cirée a *été collée par la chaleur au collodion*, *qui lui-même s'est desséché par cette chaleur;* car alors il tient très peu au verre, il n'y est qu'adhérent, tandis qu'il est désormais *collé à la toile cirée par la pénétration mutuelle des deux substances.*

Le vernis ne servira que pour les épreuves qu'on voudra garder sur verre ; ces épreuves sont très curieuses à voir à la clarté d'une lampe.

Les assiettes de petites dimensions, quoique à fonds *plats*, seront tout aussi bonnes que les assiettes à fonds *creux*, si la plaque de verre ne porte jamais que sur ses angles, par suite du rétrécissement des fonds des assiettes.

Je ne finirais pas si je voulais indiquer ici les précautions innombrables qu'il faut prendre pour obtenir de belles épreuves ; chacun y arrivera avec un peu d'exercice, car il ne s'agit en définitive de ne rien omettre parmi une multitude de soins minutieux, qui tous concourent au succès et lui sont essentiels.

Le choix que j'ai fait de la maison O. De Lalande et Cᵉ pour la préparation des produits chimiques qui accompagnent l'appareil, offrira à l'amateur une nouvelle certitude de succès ; la position scientifique de cette maison, la bonne réputation de ses produits présentant une garantie suffisante.

M.-A. GAUDIN,
Calculateur du Bureau des Longitudes.

Imprimé en France
FROC021858210120
23239FR00023B/631/P